Impressum
Verlag: BABADADA GmbH, Nedderfeld 112 , 22529 Hamburg
Geschäftsführer / Verlagsleitung: Harald Hof
Druck: Books on Demand GmbH, In de Tarpen 42, 22848 Norderstedt

Imprint
Publisher: BABADADA GmbH, Nedderfeld 112 , 22529 Hamburg, Germany
Managing Director / Publishing direction: Harald Hof
Print: Books on Demand GmbH, In de Tarpen 42, 22848 Norderstedt, Germany

школа

学校

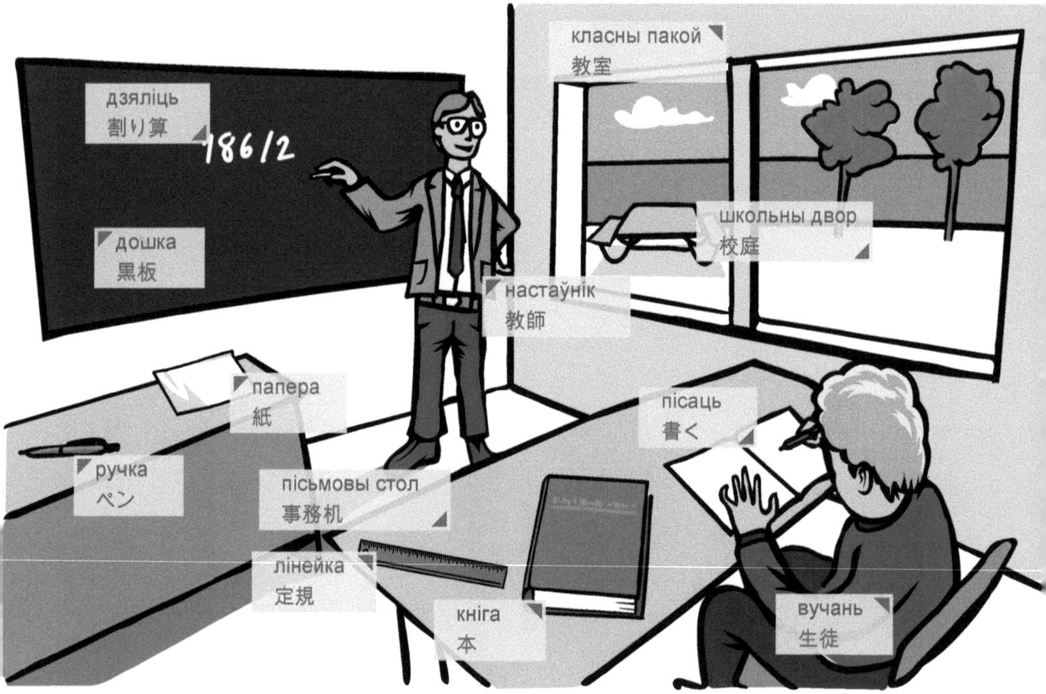

класны пакой
教室
дзяліць
割り算
186/2
дошка
黒板
школьны двор
校庭
настаўнік
教師
папера
紙
пісаць
書く
ручка
ペン
пісьмовы стол
事務机
лінейка
定規
кніга
本
вучань
生徒

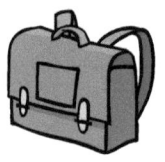

ранец

ランドセル

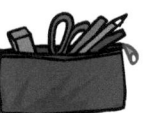

пенал

筆入れ

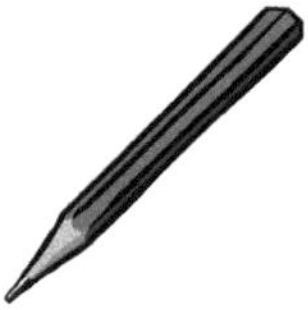

просты аловак

鉛筆

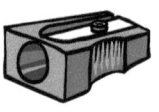

тачылка для алоўкаў

鉛筆削り

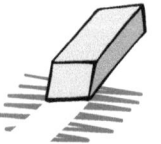

гумка

消しゴム

альбом для малявання

スケッチブック

малюнак

スケッチ

пэндзлік

絵筆

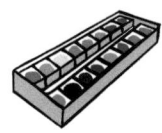

фарбы

絵の具箱

нажніцы

はさみ

клей

接着剤

сшытак

練習帳

хатняе заданне

宿題

12

лік

数

2+2

дадаваць

足し算

5-2

адымаць

引き算

2×2

множыць

かけ算

лічыць

計算する

A

літара

文字

ABCDEFG
HIJKLMN
OPQRSTU
VWXYZ

алфавіт

アルファベット

слова

単語

тэкст

テキスト

чытаць

読む

крэйда

チョーク

ўрок

授業

класны журнал

学級日誌

экзамен

試験

атэстат

通知表

школьная форма

制服

адукацыя

教育

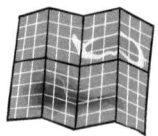

энцыклапедыя

百科事典

універсітэт

大学

мікраскоп

顕微鏡

карта

地图

смеццевы кошык

ごみ箱

падарожжа

旅行

Grand
гатэль
ホテル
хостэл
ホステル
ROOMS
абменны пункт
両替所
чамадан
スーツケ
ース
аўтамабіль
自動車

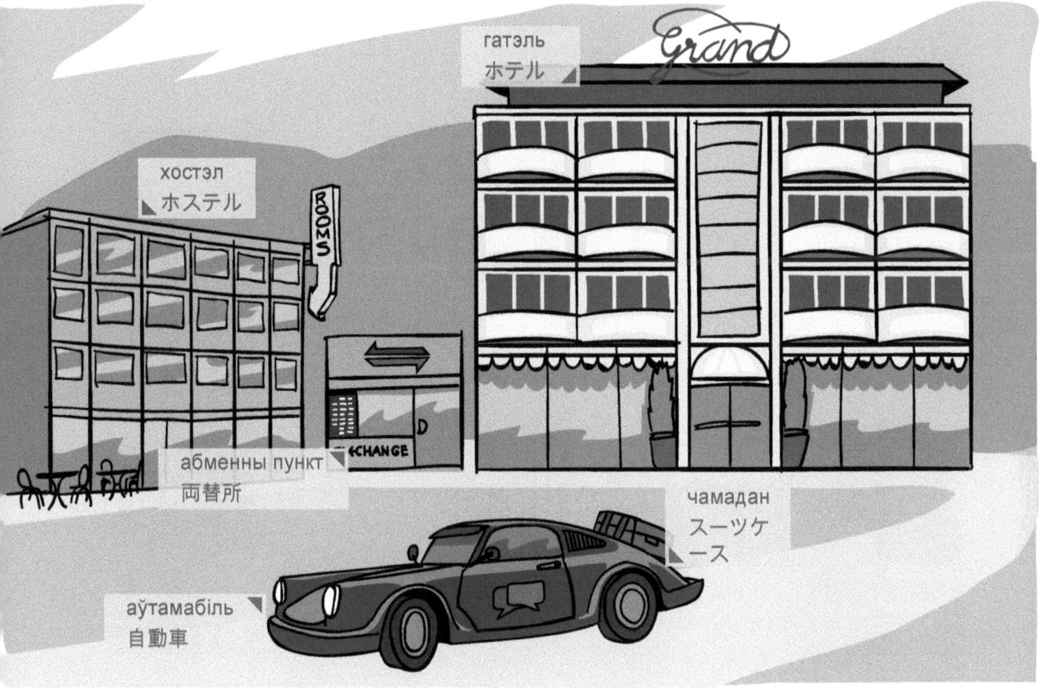

мова

言語

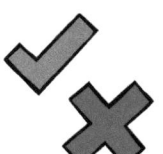

так / не

はい / いいえ

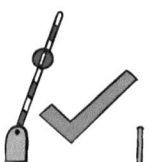

добра

問題ない

прывітанне!

ハロー

перакладчык

翻訳者

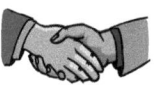

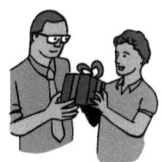

дзякуй

ありがとう

Колькі каштуе....?

...はいくらですか？

я не разумею

わかりません

праблема

問題

Добры вечар!

こんばんは！

Добрай раніцы!

おはようございます！

Дабранач!

おやすみなさい！

да пабачэння

さようなら

кірунак

方向

багаж

手荷物

сумка

バッグ

заплечнік

リュックサック

госць

お客様

пакой

部屋

спальны мяшок

寝袋

палатка

テント

інфармацыя для турыстаў

旅行者情報

пляж

ビーチ

крэдытная картка

クレジットカード

снеданне

朝食

абед

昼食

вячэра

夕食

праязны білет

チケット

ліфт

エレベーター

паштовая марка

スタンプ

мяжа

境界

мытня

税関

пасольства

大使館

віза

ビザ

пашпарт

パスポート

транспарт
輸送

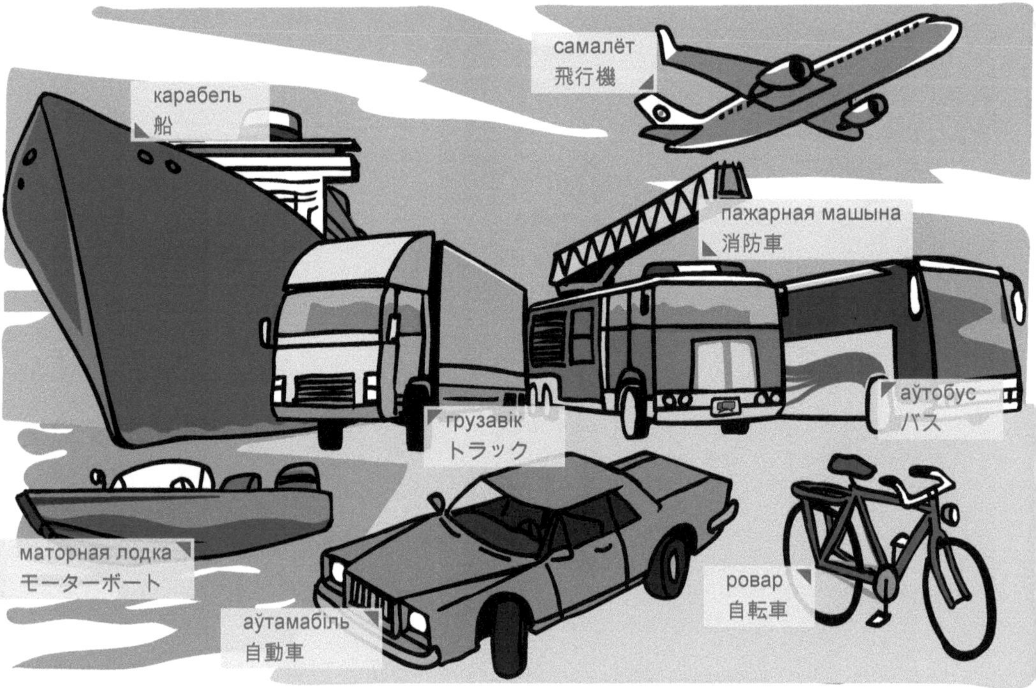
самалёт
飛行機
карабель
船
пажарная машына
消防車
аўтобус
バス
грузавік
トラック
маторная лодка
モーターボート
ровар
自転車
аўтамабіль
自動車

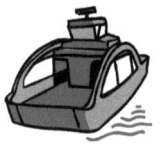

парош

фэрри

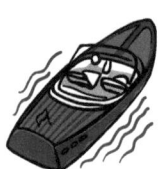

лодка

ボート

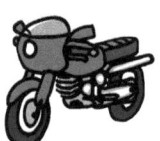

матацыкл

バイク

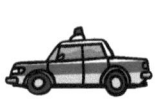

паліцэйская машына

パトカー

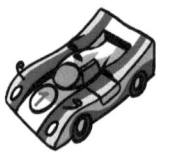

гоначны аўтамабіль

レーシングカー

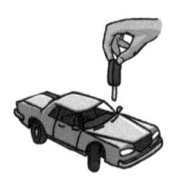

арэндаваны аўтамабіль

レンタカー

сумеснае карыстанне
аўтамабілем

カーシェアリング

эвакуатар

レッカー車

смеццявоз

ごみ収集車

матор

モーター

паліва

燃料

запраўка

ガソリンスタンド

дарожны знак

交通標識

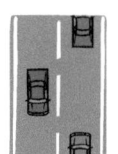

дарожны рух

交通

затор

渋滞

паркоўка

駐車場

чыгуначная станцыя

駅

рэйкі

道

цягнік

列車

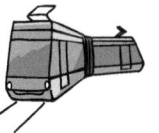

трамвай

路面電車

вагон

車両

верталёт

ヘリコプター

аэрапорт

空港

вежа

タワー

пасажыр

乗客

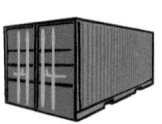

кантэйнер

コンテナ

кардонная скрыня

段ボール箱

тачка

カート

карзіна

カゴ

ўзлятаць / прызямляцца

離陸 / 着陸

горад

都市

вёска

村

цэнтр горада

都心

дом

家

кінатэатр
映画館

рэклама
宣伝

вулічны ліхтар
街灯

CINEMA

вуліца
通り

таксі
タクシー

пешаход
歩行者

кіёск
キオスク

тратуар
舗道

пешаходны пераход
横断歩道

сметніца
ゴミ箱

скрыжаванне
交差点

светлафор
信号

халупа

小屋

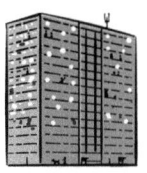

кватэра

アパート

чыгуначная станцыя

駅

ратуша

市役所

музей

美術館

школа

学校

універсітэт

大学

банк

銀行

шпіталь

病院

гатэль

ホテル

аптэка

薬局

офіс

オフィス

кнігарня

書店

крама

ショップ

кветкавая крама

花屋

супермаркет

スーパーマーケット

кірмаш

市場

універмаг

デパート

рыбная крама

魚屋

гандлевы цэнтр

ショッピングセンター

порт

港

парк

公園

лава

ベンチ

мост

橋

лесвіца

階段

метро

地下鉄

тунэль

トンネル

прыпынак

バス停

бар

バー

рэстаран

レストラン

паштовая скрыня

ポスト

вулічны паказальнік

道路標識

паркамат

パーキングメーター

заапарк

動物園

басейн

スイミングプール

мячэць

モスク

сядзіба

農場

забруджванне
навакольнага асяроддзя

汚染

могілкі

墓地

царква

教会

пляцоўка для гульні

遊び場

храм

寺

краявід
風景

ліст
葉

паказальнік
道標

дарога
道

луг
草地

падарожнік
ハイカー

камень
石

дрэва
木

рака
川

трава
草

кветка
花

даліна

谷

гара

山

возера

湖

лес

森

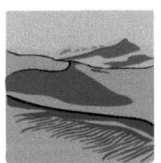

пустыня

砂漠

вулкан

火山

замак

城

вясёлка

虹

грыб

キノコ

пальма

ヤシの木

камар

蚊

муха

ハエ

мурашка

蟻

пчала

ミツバチ

павук

クモ

жук

カブトムシ

жаба

蛙

вавёрка

リス

вожык

ハリネズミ

заяц

ウサギ

сава

フクロウ

птушка

鳥

лебедзь

白鳥

дзік

雄豚

алень

鹿

лось

ヘラジカ

пляціна

ダム

вятрак

風力タービン

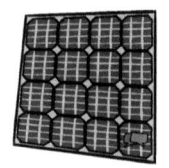

сонечная батарэя

ソーラーパネル

клімат

気候

рэстаран
レストラン

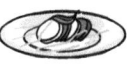

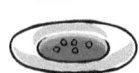

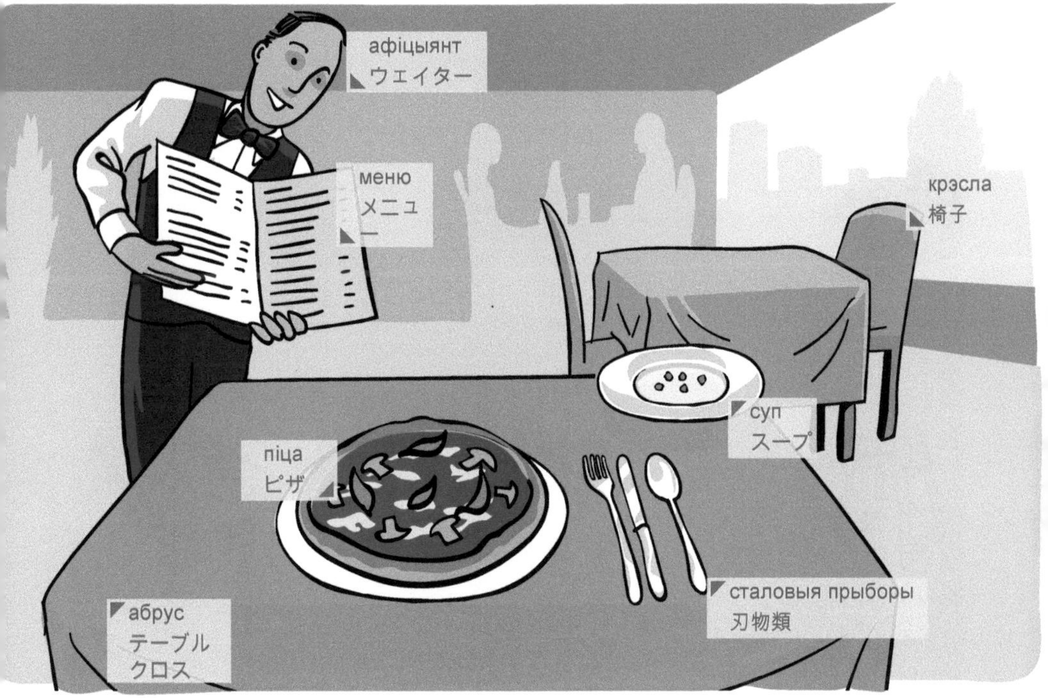

афіцыянт
ウェイター
меню
メニュー
крэсла
椅子
суп
スープ
піца
ピザ
сталовыя прыборы
刃物類
абрус
テーブルクロス

закуска
前菜

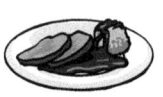

другая страва
メインコース

дэсерт
デザート

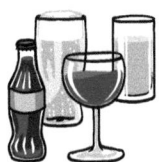

напоі
飲み物

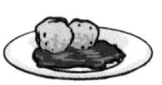

ежа
食べ物

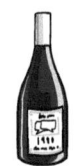

бутэлька
ボトル

хуткае харчаванне (фаст-фуд)

ファストフード

стрыт-фуд

屋台の食べ物

імбрык (чайнік)

ティーポット

цукарніца

砂糖入れ

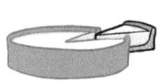

порцыя

一人前

эспрэса-машына

エスプレッソマシン

дзіцячае крэселка

幼児用食事椅子

рахунак

請求書

паднос

トレー

нож

ナイフ

відэлец

フォーク

лыжка

スプーン

чайная лыжка

ティースプーン

сурвэтка

ナプキン

шклянка

グラス

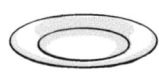

талерка
....
皿

супавая талерка
....
スープ皿

сподак
....
受け皿

соус
....
ソース

сальніца
....
塩入れ

млынок для перцу
....
ペッパーミル

воцат
....
酢

алей
....
油

спецыі
....
スパイス

кетчуп
....
ケチャップ

гарчыца
....
マスタード

маянэз
....
マヨネーズ

супермаркет
スーパーマーケット

акцыя
特価品
FOR
пакупнік
顧客
малочныя прадукты
乳製品
садавіна
果物
вазок
ショッピング・カート

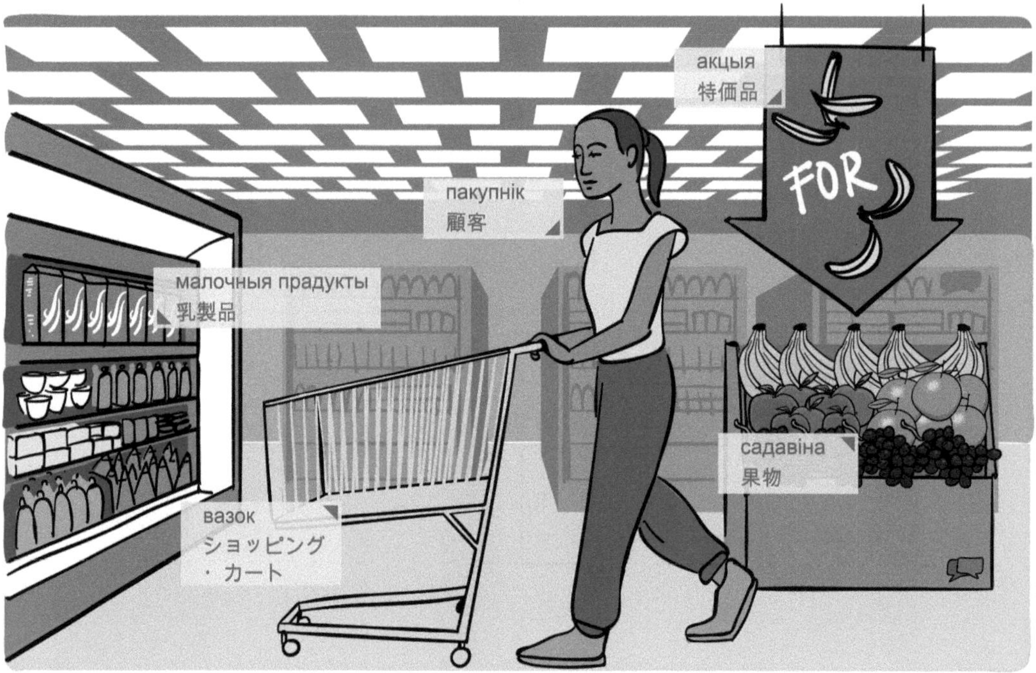

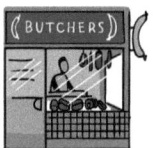

BUTCHERS

мясная крама

肉屋

BAKERY

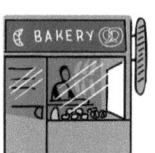

хлебны магазін

パン屋

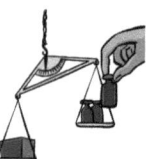

важыць

重さをはかる

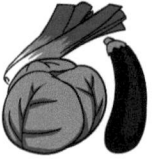

гароднiна

野菜

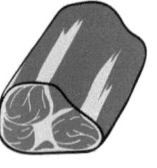

мяса

肉

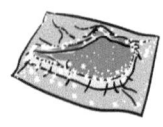

свежазамарожаныя прадукты

冷凍食品

нарэзка

冷肉の薄切り

кансервы

缶詰食品

пральны парашок

洗剤

прысмакі

菓子

хатнія прылады

家庭用品

чысцячы сродак

清掃用品

прадавец

販売員

каса

現金箱

касір

レジ係

спіс пакупак

買い物リスト

гадзіны працы

開館時刻

бумажнік

財布

крэдытная картка

クレジットカード

сумка

バッグ

пакет

ポリ袋

вада

水

сок

ジュース

малако

牛乳

кола

コーラ

віно

ワイン

піва

ビール

алкаголь

アルコール

какава

ココア

гарбата (чай)

紅茶

кава

コーヒー

эспрэса

エスプレッソ

капучына

カプチーノ

банан

バナナ

яблык

リンゴ

апельсін

オレンジ

дыня

メロン

лімон

レモン

морква

ニンジン

часнок

ニンニク

бамбук

竹

цыбуля

玉ねぎ

грыб

キノコ

арэхі

ナッツ

локшына

ヌードル

спагеці

スパゲッティ

рыс

米

салата

サラダ

бульба фры

フライドポテト

смажаная бульба

フライドポテト

піца

ピザ

гамбургер

ハンバーガー

бутэрброд

サンドウィッチ

шніцаль

カツレツ

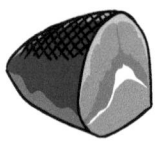

вяндліна

ハム

салямі

サラミ

каўбаса

ソーセージ

курыца

鶏肉

смажаніна

焼き

рыбак

魚

аўсяныя камякі

麦のお粥

мюслі

ムーズリ

кукурузныя шматкі

コーンフレーク

мука

小麦粉

круасан

クロワッサン

булачка

ロールパン

хлеб

パン

тост

トースト

пячэнне

ビスケット

масла

バター

тварог

カッテージチーズ

пірог

ケーキ

яйка

卵

яечня

目玉焼き

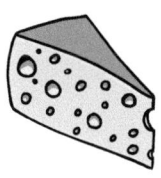

сыр

チーズ

марожанае
アイスクリーム

цукар
砂糖

мёд
はちみつ

варэнне
ジャム

нуга
ヌガークリーム

кары
カレー

хата
農家

хлеў
納屋

цюк саломы
ストローベール

поле
畑

конь
馬

прычэп
トレーラー

жарабя
子馬

трактар
トラクター

асёл
ロバ

авечка
羊

ягня
子羊

каза
....
ヤギ

карова
....
雌牛

цяля
....
子牛

свіння
....
豚

парася
....
子豚

бык
....
雄牛

гусак

ガチョウ

качка

アヒル

кураня

ひよこ

курыца

にわとり

певень

おんどり

пацук

ネズミ

кот

猫

мыш

ねずみ

вол

雄牛

сабака

犬

сабачая будка

犬小屋

садовы шланг

散水ホース

палівачка

じょうろ

каса

大鎌

плуг

すき

серп

草刈り鎌

матыка

くわ

вілы для гною

堆肥用フォーク

сякера

斧

тачка

手押し車

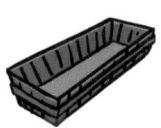

карыта

かいばおけ

бітон для малака

牛乳缶

мех

袋

плот

フェンス

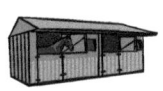

хлеў

畜舎

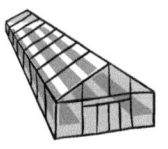

цяпліца

温室

глеба

土壌

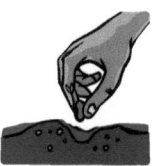

насенне

種

угнаенне

肥料

камбайн

コンバイン

збіраць ураджай

収穫する

ураджай

収穫

ямс

ヤマイモ

пшаніца

小麦

соя

大豆

бульба

じゃがいも

кукуруза

トウモロコシ

рапс

菜種

садовае дрэва

果樹

маніёк

キャッサバ

збожжа

穀物

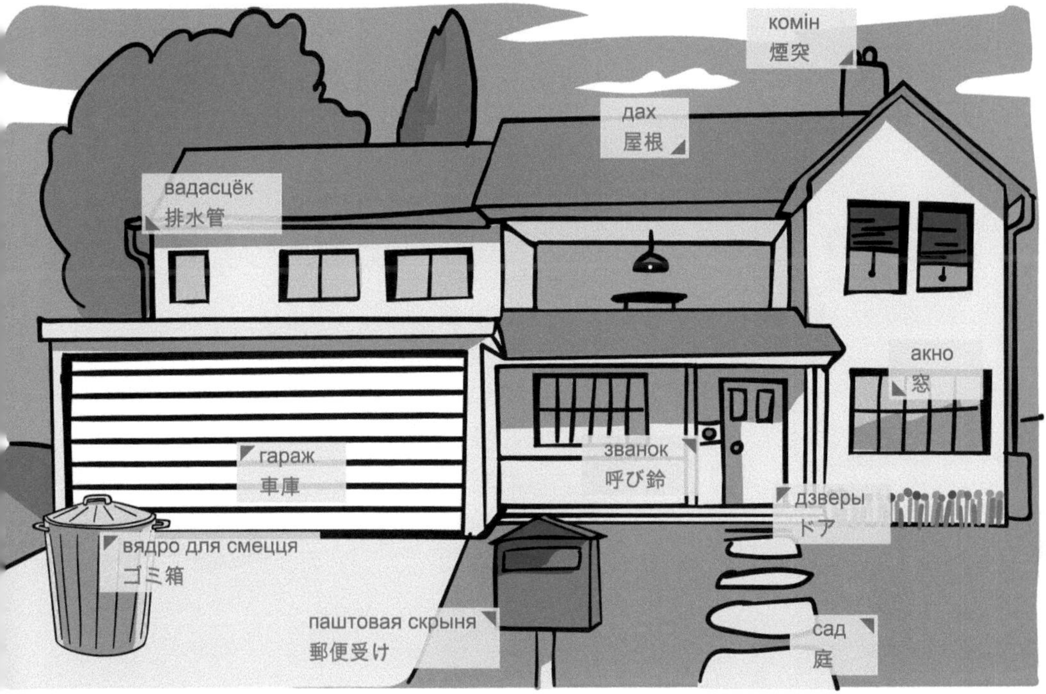

комін
煙突

дах
屋根

вадасцёк
排水管

акно
窓

гараж
車庫

званок
呼び鈴

дзверы
ドア

вядро для смецця
ゴミ箱

паштовая скрыня
郵便受け

сад
庭

жылы пакой

リビングルーム

ванная

浴室

кухня

台所

спальны пакой

寝室

дзіцячы пакой

子供部屋

сталоўка

ダイニング・ルーム

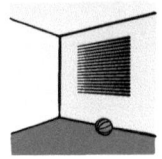

падлога

床

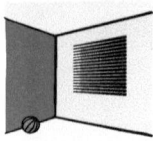

сцяна

壁

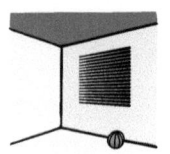

столь

天井

падвал

地下貯蔵庫

саўна

サウナ

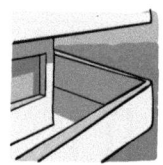

балкон

バルコニー

тэраса

テラス

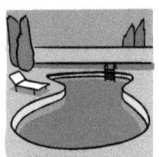

басейн

プール

касілка

芝刈り機

падкоўдранік

シーツ

коўдра

ベッドカバー

ложак

ベッド

венік

ほうき

вядро

バケツ

выключальнік

スイッチ

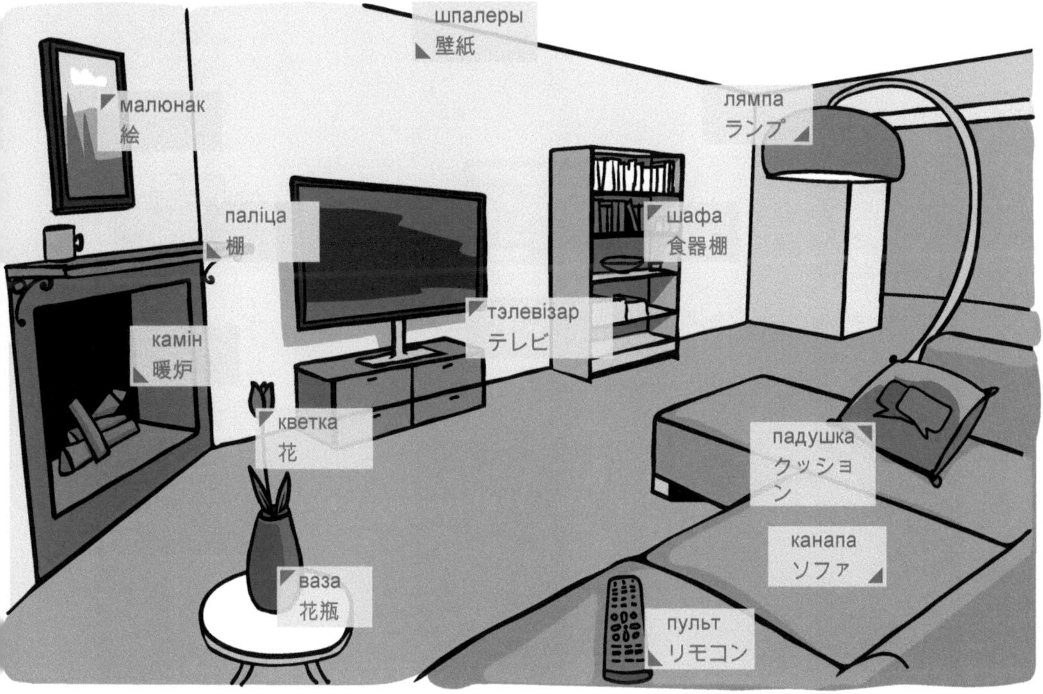

шпалеры
壁紙

малюнак
絵

палiца
棚

лямпа
ランプ

шафа
食器棚

камiн
暖炉

тэлевiзар
テレビ

кветка
花

падушка
クッション

канапа
ソファ

ваза
花瓶

пульт
リモコン

дыван
カーペット

фiранка
カーテン

стол
テーブル

крэсла
椅子

крэсла-качалка
ロッキングチェア

крэсла
ひじ掛け椅子

кніга

本

коўдра

毛布

дэкарацыя

飾り

дровы

たきぎ

кіно

映画

стэрэасістэма

ステレオ

ключ

鍵

газета

新聞

карціна

絵画

постар

ポスター

радыё

ラジオ

нататнік

メモ帳

пыласос

掃除機

кактус

サボテン

свечка

ろうそく

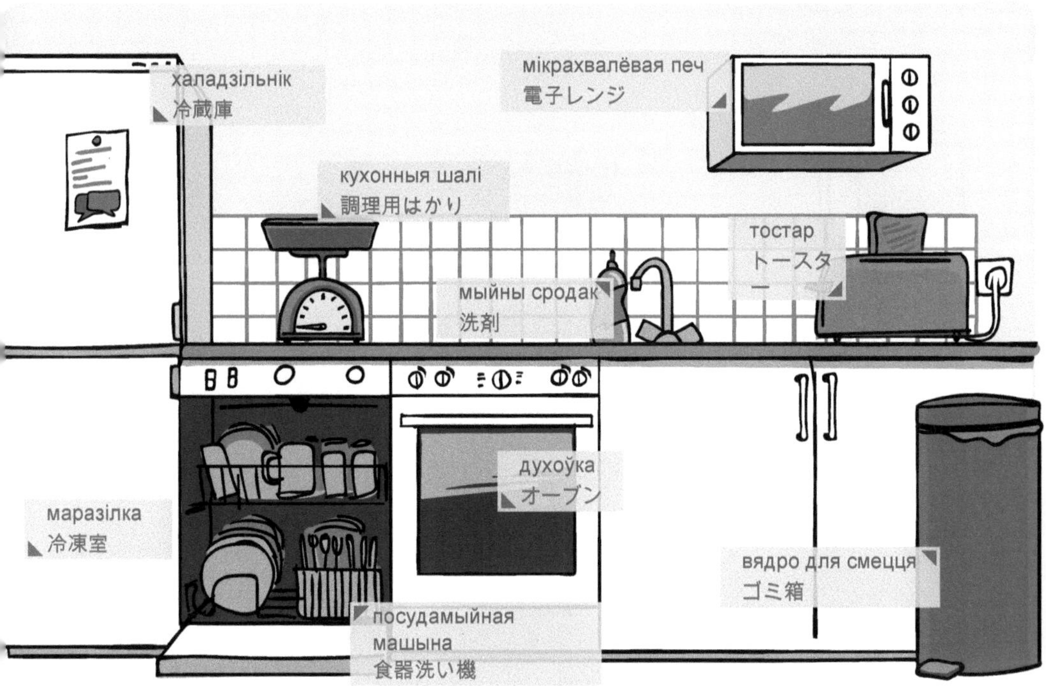

халадзільнік
冷蔵庫

мікрахвалёвая печ
電子レンジ

кухонныя шалі
調理用はかり

мыйны сродак
洗剤

тостар
トースター

духоўка
オーブン

маразілка
冷凍室

вядро для смецця
ゴミ箱

посудамыйная машына
食器洗い機

пліта
こんろ

рондаль
鍋

чыгунок
鉄鍋

Вок / кадаі
中華鍋/ カダイ鍋

патэльня
フライパン

чайнік
やかん

параварка

蒸し器

бляха

天板

посуд

食器

кубак

マグカップ

міска

ボウル

палачкі для ежы

箸

чарпак

おたま

лапатачка

へら

збівалка

泡立て器

сіта для варэння

こし器

сіта

ふるい

тарка

すりおろし器

ступка

すり鉢

грыль

バーベキュー

вогнішча

かまど

дошка

まな板

качалка

麺棒

штопар

栓抜き

бляшанка

缶

адкрывалка

缶切り

прыхваткі

鍋つかみ

ракавіна

流し

шчотка

ブラシ

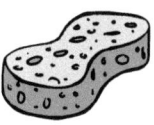

губка

スポンジ

міксер

ミキサー

маразільная камера

冷凍庫

бутэлечка

哺乳瓶

вадаправодны кран

蛇口

ванная

浴室

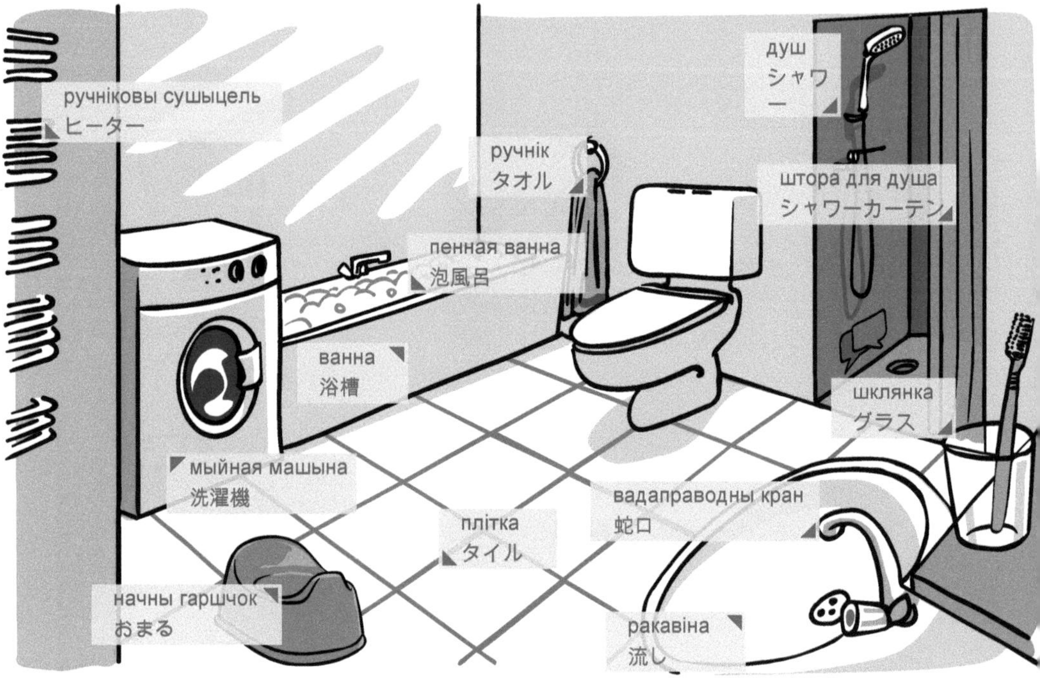

ручніковы сушыцель
ヒーター
ручнік
タオル
душ
シャワー
штора для душа
シャワーカーテン
пенная ванна
泡風呂
ванна
浴槽
мыйная машына
洗濯機
шклянка
グラス
вадаправодны кран
蛇口
плітка
タイル
начны гаршчок
おまる
ракавіна
流し

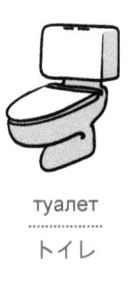

туалет

トイレ

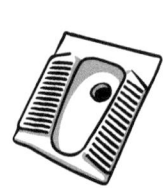

падлогавы ўнітаз

和式トイレ

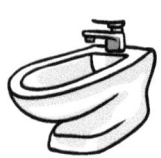

бідэ

ビデ

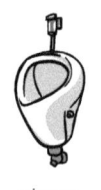

пісуар

小便器

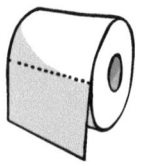

туалетная папера

トイレットペーパー

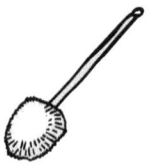

шчотка для чысткі ўнітаза

トイレブラシ

зубная шчотка

歯ブラシ

зубная паста

歯みがき

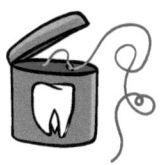

зубная нітка

デンタルフロス

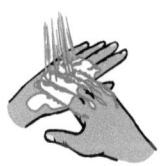

мыць

洗う

ручны душ

シャワーヘッド

інтымны душ

ハンドビデ

умывальнік

洗面台

шчотка для спіны

ボディブラシ

мыла

石鹸

гель для душа

シャワー用ジェル

шампунь

シャンプー

вяхотка

浴用タオル

вадасцёк

排水口

крэм

クリーム

дэзадарант

消臭

люстэрка

鏡

касметычнае люстэрка

手鏡

станок для галення

かみそり

пена для галення

シェービング・フォーム

ласьён пасля галення

アフターシェーブローション

грэбень

櫛

шчотка

ブラシ

фен

ドライヤー

лак для валасоў

ヘアスプレー

касметыка

化粧

памада

口紅

лак для пазногцяў

マニキュア

вата

脱脂綿

манікюрныя нажніцы

爪切り

духі

香水

касметычка

洗面用具入れ

табурэтка

スツール

вагі

体重計

лазневы халат

バスローブ

санітарныя пальчаткі

ゴム手袋

тампон

タンポン

гігіенічныя пракладкі

生理用ナプキン

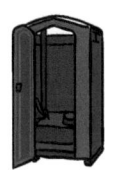

біятуалет

ケミカルトイレ

дзіцячы пакой
子供部屋

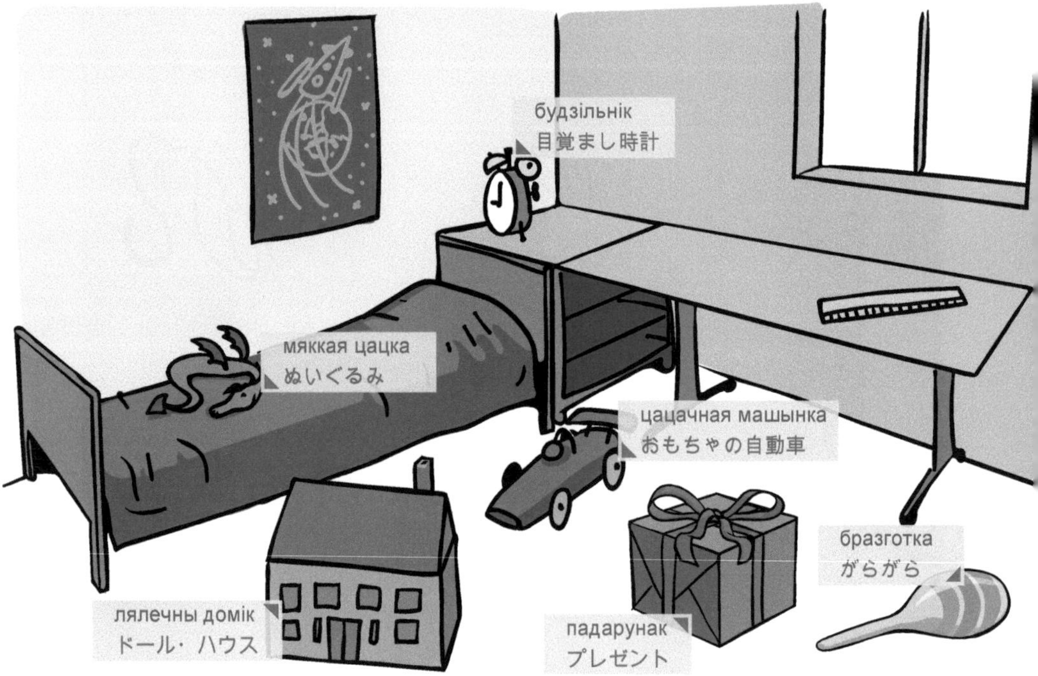
будзільнік
目覚まし時計
мяккая цацка
ぬいぐるみ
цацачная машынка
おもちゃの自動車
бразготка
がらがら
лялечны домік
ドール・ハウス
падарунак
プレゼント

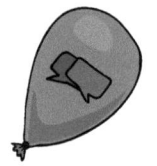

надзіманы шарык

風船

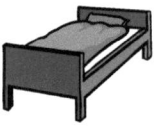

ложак

ベッド

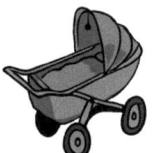

дзіцячая каляска

ベビーカー

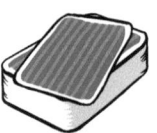

калода картаў

カードゲーム

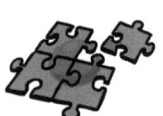

пазл

ジグソーパズル

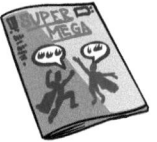

комікс

漫画

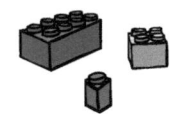

канструктар "Лега"

レゴ

канструктар

玩具ブロック

экшэн-фігурка

アクションフィギュア

дзіцячы гарнітур

ロンパース

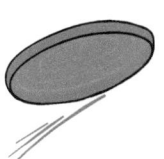

фрызбі

フリスビー

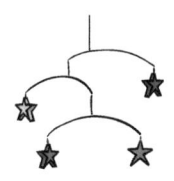

дзіцячы мабіль

モバイル

настольная гульня

ボードゲーム

кубік

さいころ

дзіцячая чыгунка

鉄道模型

пустышка

おしゃぶり

дзіцячае свята

パーティー

кніга з малюнкамі

絵本

мячык

ボール

лялька

人形

гуляцца

遊ぶ

пясочніца

砂場

арэлі

ブランコ

цацкі

おもちゃ

гульнявая відэа прыстаўка

ゲーム機

трохколавы ровар

三輪車

плюшавы мішка

テディベア

шафа

衣装ダンス

адзенне

衣服

шкарпэткі

靴下

панчохі

ストッキング

калготкі

タイツ

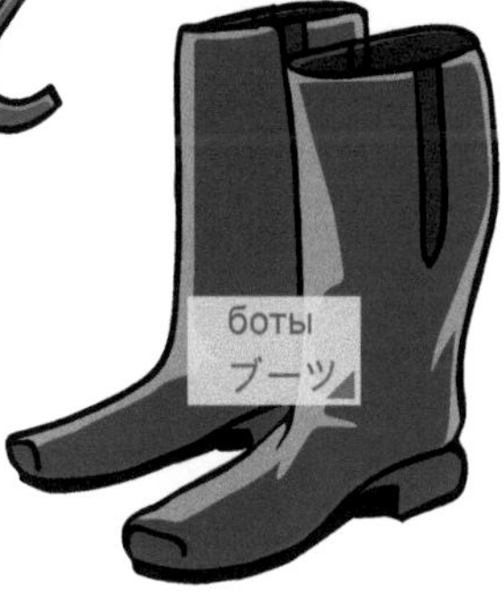

шалік
スカーフ

парасон
雨傘

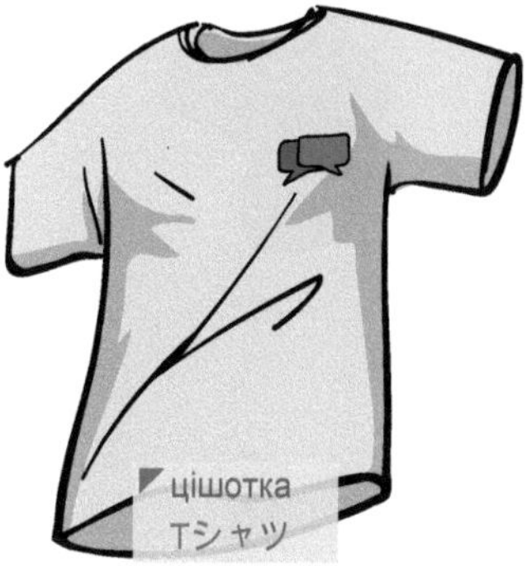

рамень
ベルト

цішотка
Tシャツ

боты
ブーツ

пантоплі
スリッパ

красоўкі
スニーカー

сандалі
サンダル

абутак
靴

гумовыя боты
ゴム長靴

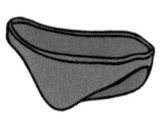

трусы
パンツ

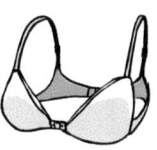

бюстгальтар
ブラ

майка
ベスト

бодзі

ボディースーツ

штаны

ズボン

джынсы

ジーンズ

спадніца

スカート

блузка

ブラウス

кашуля

シャツ

джэмпер

セーター

талстоўка

パーカー

блэйзер

ブレザー

куртка

ジャケット

паліто

コート

дажджавік

レインコート

касцюм

服装

сукенка

ドレス

вясельная сукенка

ウェディングドレス

касцюм

スーツ

начная сарочка

ナイトガウン

піжама

パジャマ

сары

サリー

хустка

ヘッドスカーフ

цюрбан

ターバン

паранджа

ブルカ

каптан

カフタン

Абая

アバヤ

купальнік

水着

плаўкі

トランクス

шорты

半ズボン

спартыўны касцюм

スウェットスーツ

фартух

エプロン

пальчаткі

手袋

гузік

ボタン

акуляры

メガネ

бранзалет

ブレスレット

каралі

ネックレス

кальцо

指輪

завушніца

イヤリング

кепка

帽子

вешалка

ハンガー

капялюш

帽子

гальштук

ネクタイ

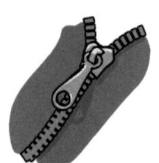

маланка

ファスナー

шлем

ヘルメット

падцяжкі

サスペンダー

школьная форма

制服

уніформа

ユニフォーム

нагруднік

よだれかけ

пустышка

おしゃぶり

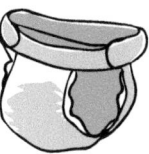

падгузнік

おむつ

офіс
オフィス

канцылярская шафа
書類キャビネット

сервер
サーバ

прынтэр
プリンター

папера
紙

манітор
モニター

мыш
マウス

пісьмовы стол
事務机

тэчка
フォルダー

клавіятура
キーボード

смеццевы кошык
ごみ箱

кампутар
コンピューター

крэсла
椅子

кубак для кавы (філіжанка)

コーヒーマグ

калькулятар

計算機

інтэрнэт

インターネット

ноўтбук

ラップトップ

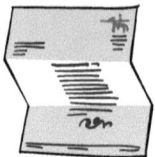

ліст

手紙

паведамленне

メッセージ

мабільны тэлефон

携帯電話

сетка

ネットワーク

ксеракс

コピー機

праграмнае забеспячэнне

ソフトウェア

тэлефон

電話

разетка

コンセント

факс

ファックス

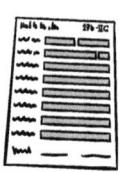

фармуляр

フォーム

дакумент

書類

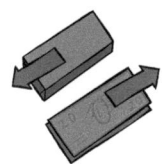

купляць

買う

плаціць

支払う

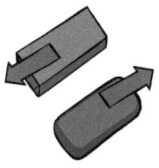

гандляваць

取引する

грошы

お金

долар

ドル

еўра

ユーロ

ена

円

рубель

ルーブル

франк

スイスフラン

кітайскі юань

人民元

рупія

ルピー

банкамат

キャッシュポイント

абменны пункт

両替所

золата

金

срэбра

銀

нафта

油

энергія

エネルギー

цана

価格

кантракт

契約

падатак

税金

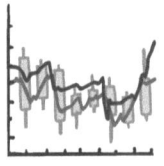

акцыя

株

працаваць

働く

служачы

従業員

працадаўца

雇用主

фабрыка

工場

крама

ショップ

прафесіі
職業

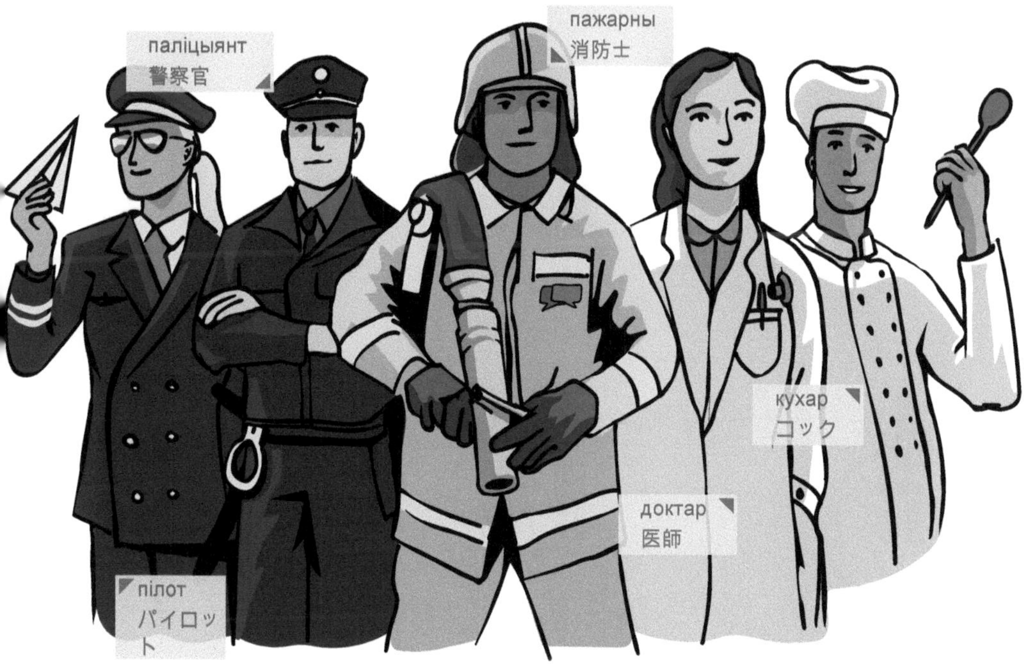

паліцыянт
警察官
пажарны
消防士
кухар
コック
доктар
医師
пілот
パイロット

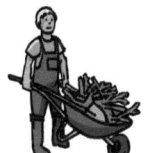

садоўнік

庭師

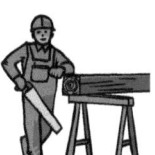

слесар

大工

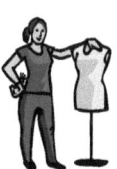

швачка

お針子

суддзя

裁判官

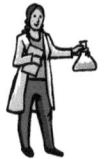

хімік

化学者

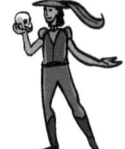

артыст

俳優

кіроўца аўтобуса

バスの運転手

таксіст

タクシー運転手

рыбак

漁師

прыбіральшчыца

掃除婦

страхар

屋根ふき職人

афіцыянт

ウェイター

паляўнічы

ハンター

мастак

塗装工

пекар

パン屋

электрык

電気工

будаўнік

建設作業員

інжынер

エンジニア

мяснік

肉屋

сантэхнік

配管工

паштальён

郵便配達人

салдат

軍人

архітэктар

建築家

касір

レジ係

фларыст

花屋

цырульнік

美容師

кандуктар

車掌

механік

機械工

капітан

キャプテン

стаматолаг

歯科医

вучоны

科学者

рабін

ラビ

імам

イスラム導師

манах

修道士

святар

牧師

інструменты
道具

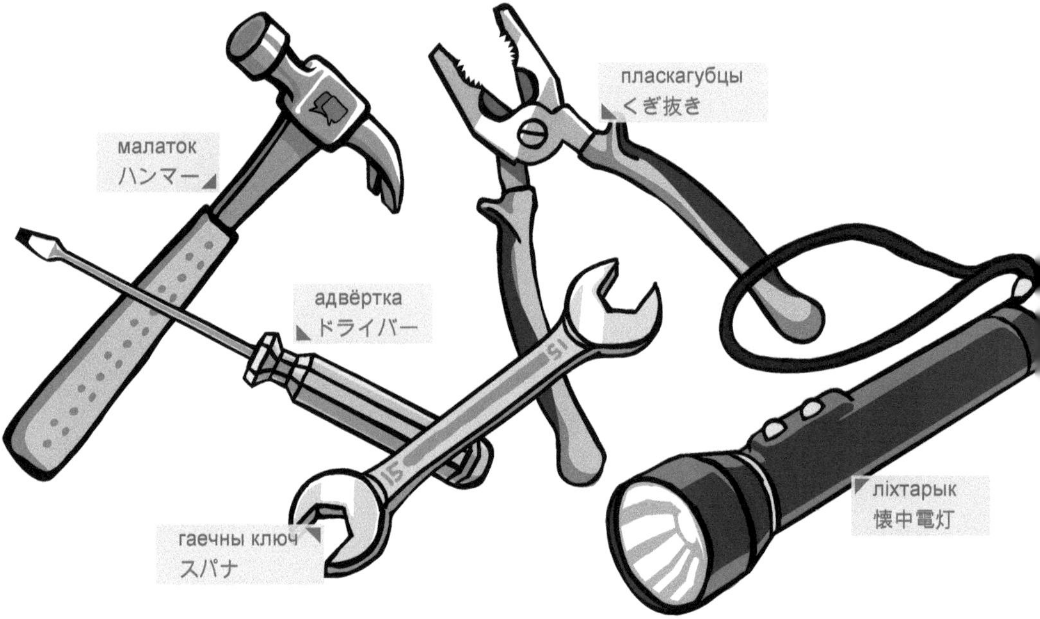
малаток
ハンマー
пласкагубцы
くぎ抜き
адвёртка
ドライバー
ліхтарык
懐中電灯
гаечны ключ
スパナ

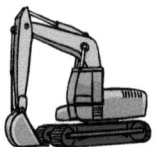

экскаватар
掘削機

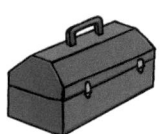

скрыня для інструментаў
道具箱

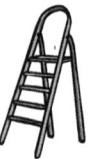

дравіны
はしご

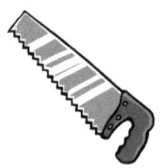

піла
のこぎり

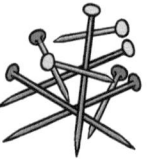

цвікі
釘

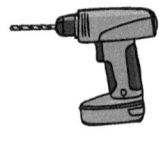

дрыль
ドリル

рамантаваць

修理する

рыдлеўка

シャベル

Халера!

クソ！

шуфлік для смецця

ちりとり

вядро з фарбаю

ペンキ缶

балты

ネジ

музычныя інструменты
楽器

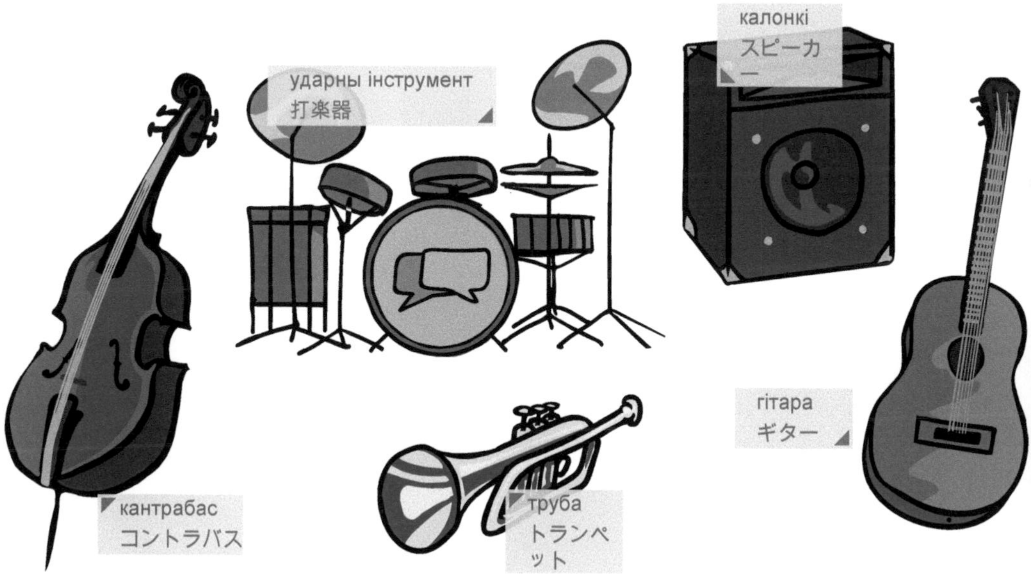

ударны інструмент
打楽器

калонкі
スピーカー

кантрабас
コントラバス

труба
トランペット

гітара
ギター

піяніна

ピアノ

скрыпка

バイオリン

басгітара

バス

літаўры

ティンパニ

барабан

ドラム

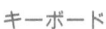

клавішны электрамузычны
інструмент

キーボード

саксафон

サックス

флейта

フルート

мікрафон

マイクロフォン

заапарк
動物園

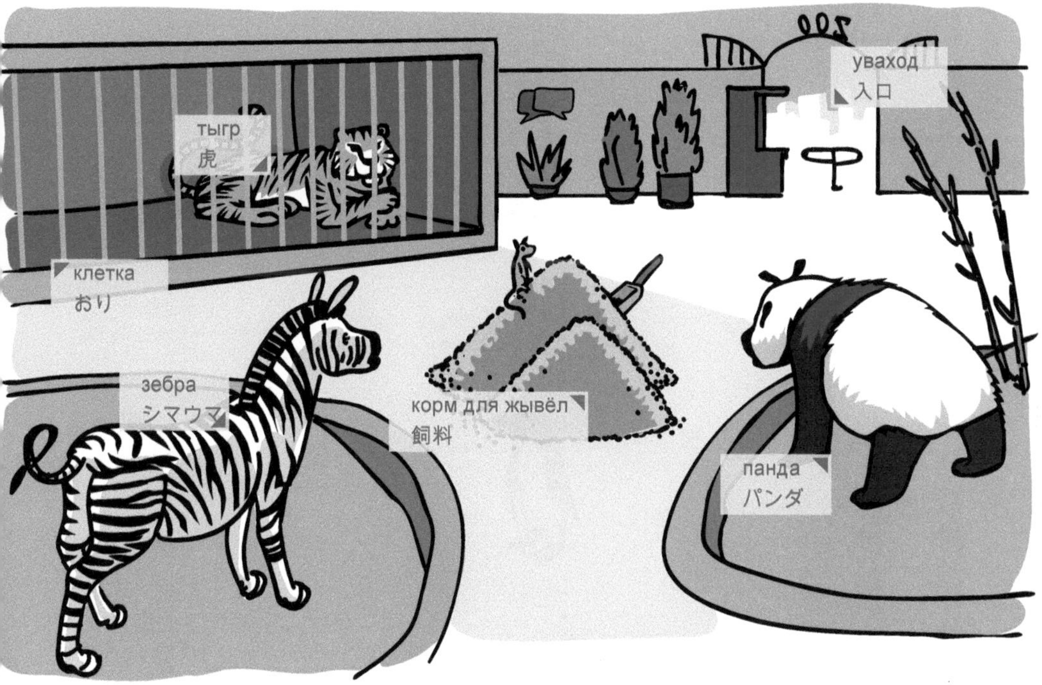
уваход
入口
тыгр
虎
клетка
おり
зебра
シマウマ
корм для жывёл
飼料
панда
パンダ

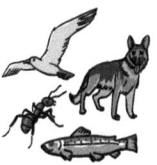

жывёлы

動物

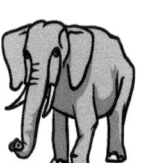

слон

象

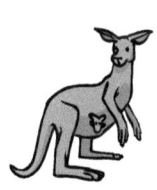

кенгуру

カンガルー

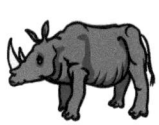

насарог

サイ

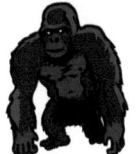

гарыла

ゴリラ

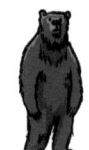

мядзведзь

熊

вярблюд

ラクダ

стравус

ダチョウ

леў

ライオン

малпа

猿

фламінга

フラミンゴ

папугай

オウム

белы мядзведзь

白クマ

пінгвін

ペンギン

акула

サメ

паўлін

クジャク

змяя

蛇

кракадзіл

ワニ

наглядчык заапарка

飼育係

цюлень

アザラシ

ягуар

ジャガー

поні

ポニー

леапард

ヒョウ

бегемот

カバ

жыраф

キリン

арол

鷲

дзік

雄豚

рыбак

魚

чарапаха

亀

морж

セイウチ

ліса

狐

газель

ガゼル

амерыканскі футбол
アメフト

веласпорт
サイクリング

тэніс
テニス

баскетбол
バスケットボール

плаванне
水泳

бокс
ボクシング

хакей з шайбай
アイスホッケー

футбол
サッカー

бадмінтон
バドミントン

лёгкая атлетыка
陸上競技

гандбол
ハンドボール

горныя лыжы
スキー

пола
ポロ

дзейнасць

活動

смяяцца
笑う
скакаць
跳ぶ
абдымаць
抱きしめる
іслі
歩く
спяваць
歌う
марыць
夢見る
маліцца
祈る
цалаваць
キス

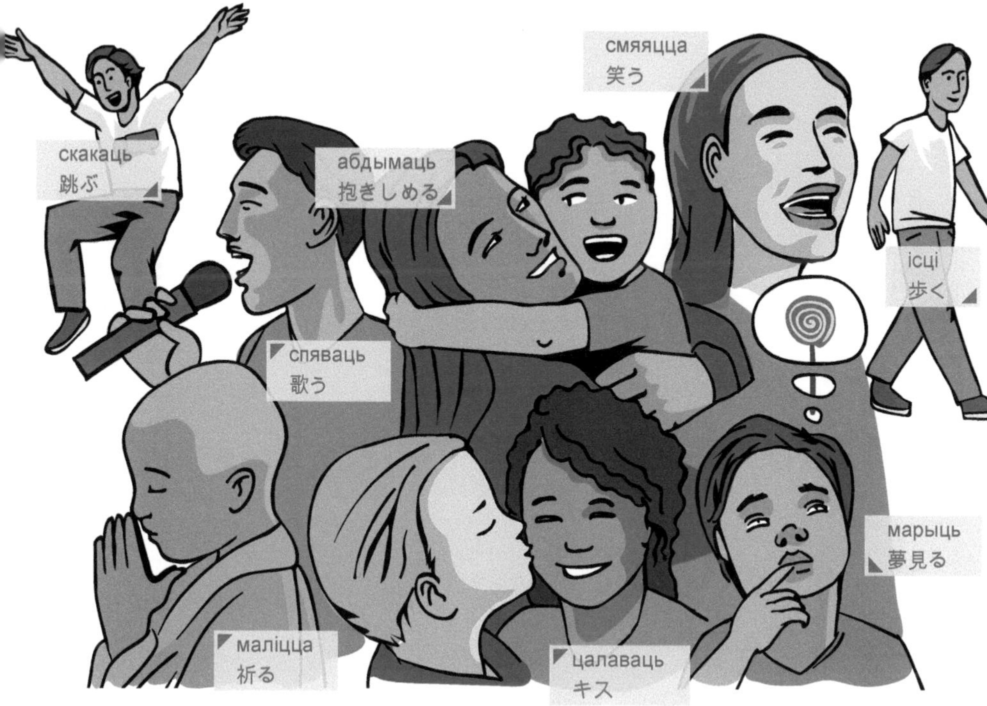

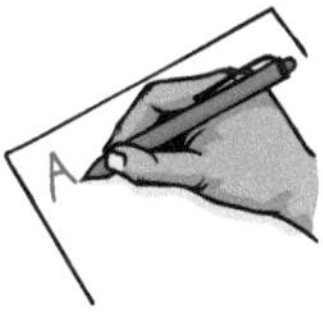

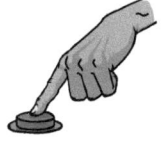

пісаць

書く

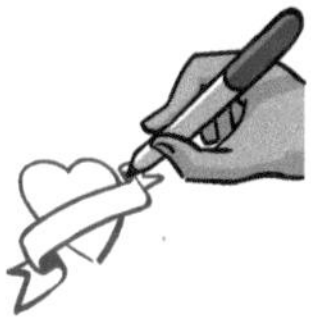

маляваць

描く

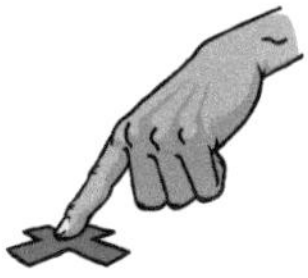

паказваць

示す

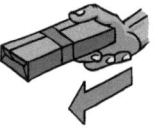

націснуць

押す

даваць

与える

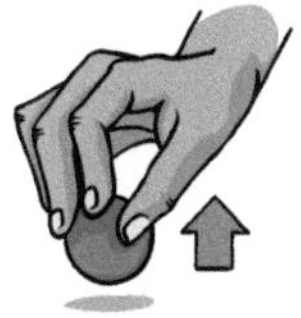

браць

取る

маць
持っている

выконваць
する

быць
ある

стаяць
立つ

бегчы
走る

цягнуць
引く

кідаць
投げる

падаць
落ちる

ляжаць
横たわっている

чакаць
待つ

насіць
運ぶ

сядзець
座る

апранацца
着る

спаць
眠る

прачынацца
目が覚める

глядзець

見る

плакаць

泣く

лашчыць

なでる

прычэсвацца

櫛ですく

гаварыць

話す

разумець

理解する

пытаць

質問する

чуць

聞く

піць

飲む

есці

食べる

прыбіраць

片づける

кахаць

愛する

гатаваць

料理する

ехаць

運転する

лятаць

飛ぶ

плаваць пад ветразем

ヨットに乗る

лічыць

計算する

чытаць

読む

вучыць

学ぶ

працаваць

働く

уступаць у шлюб

結婚する

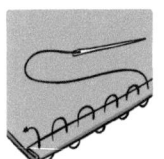

шыць

縫う

чысціць зубы

歯を磨く

забіваць

殺す

курыць

喫煙する

пасылаць

送る

бабуля
祖母

дзядуля
祖父

бацька
父

маці
母

дзіця
赤ん坊

дачка
娘

сын
息子

госць

お客様

цётка

おば

дзядзька

おじ

брат

兄弟

сястра

姉妹

цела

体

лоб
ひたい
вока
目
плячо
肩
палец
指
твар
顔
падбародак
あご
рука
手
грудзі
胸
нага
脚
рука
腕

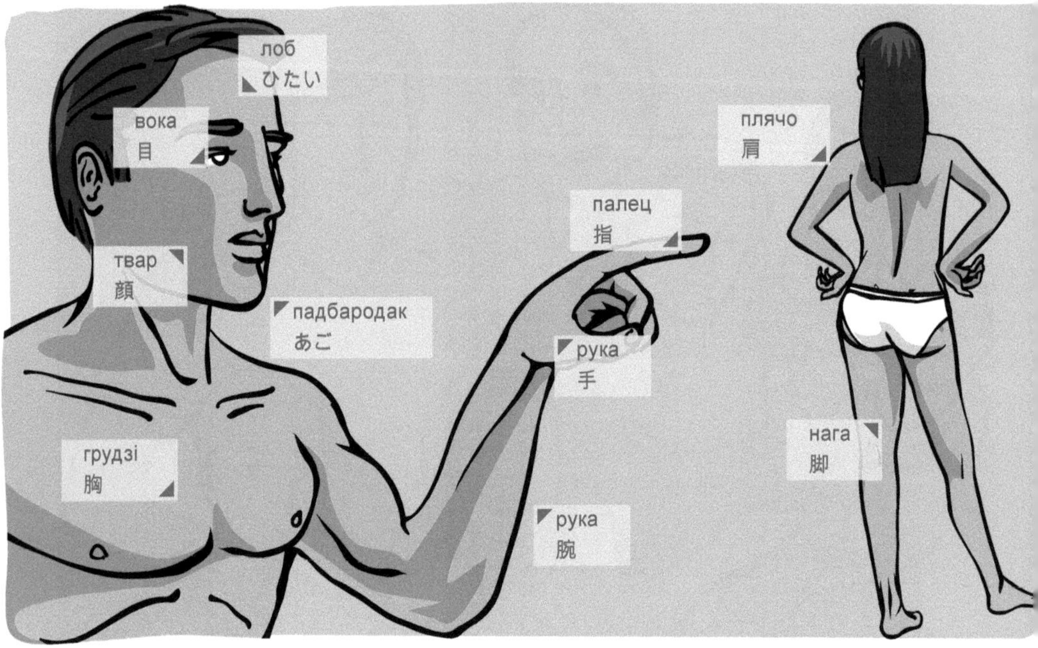

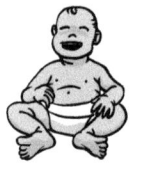

дзіця

赤ん坊

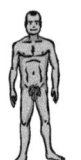

мужчына

男性

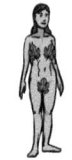

жанчына

女性

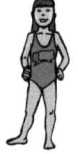

дзяўчынка

少女

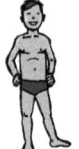

хлопчык

少年

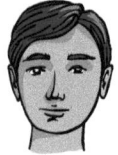

галава

頭

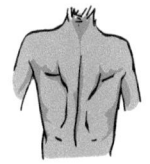

спіна

背中

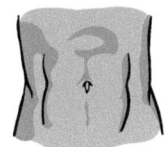

жывот

腹

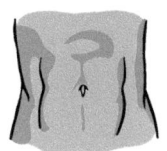

пуп

へそ

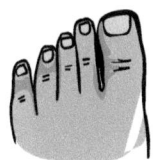

палец нагі

足指

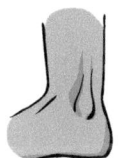

пятка

かかと

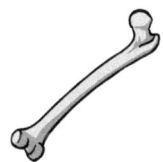

костка

骨

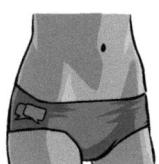

бядро

腰

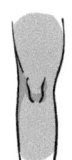

калена

ひざ

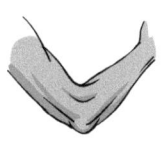

локаць

ひじ

нос

鼻

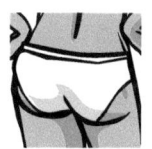

ягадзіца

尻

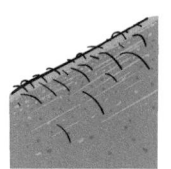

скура

皮膚

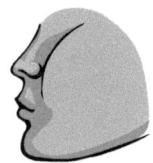

шчака

頬

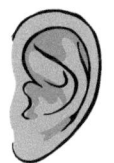

вуха

耳

губа

唇

цела - 体

рот
口

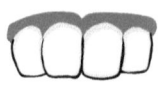

зуб
歯

язык
舌

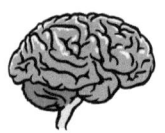

галаўны мозг
脳

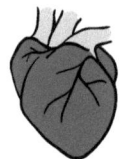

сэрца
心臓

мышца
筋肉

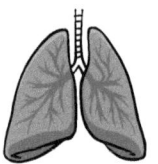

лёгкае
肺

пячонка
肝臓

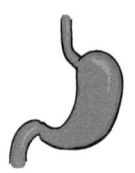

страўнік
胃

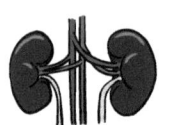

ныркі
腎臓

сэкс
セックス

прэзерватыў
コンドーム

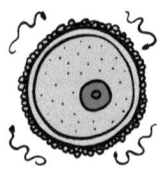

яйцаклетка
卵細胞

сперма
精液

цяжарнасць
妊娠

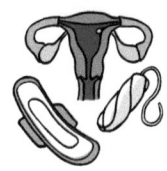

менструацыя

月経

похва

膣

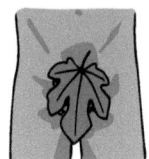

пеніс

ペニス

брыво

眉

валасы

髪

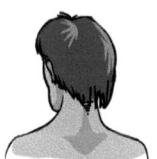

шыя

首

шпіталь
病院

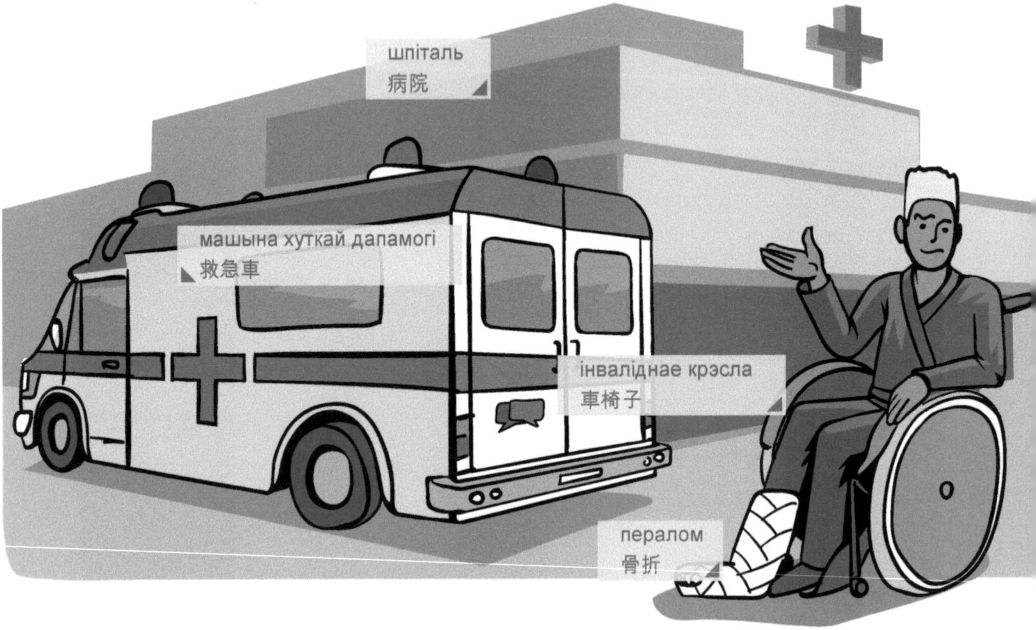

шпіталь
病院
машына хуткай дапамогі
救急車
інваліднае крэсла
車椅子
пералом
骨折

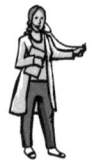

доктар

医師

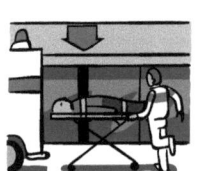

аддзяленне першай дапамогі

救急治療室

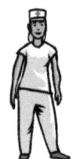

медсястра

看護師

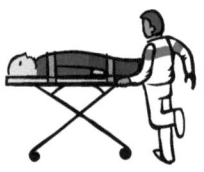

экстраная дапамога

救急

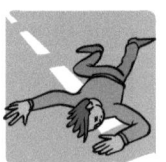

непрытомны

失神

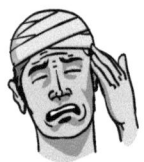

боль

痛み

траўма

けが

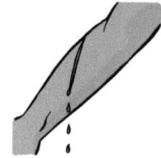

крывацёк

出血

інфаркт

心臓発作

апаплексія

脳卒中

алергія

アレルギー

кашаль

咳

гарачка

熱

грып

インフルエンザ

панос

下痢

галаўны боль

頭痛

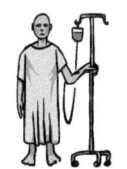

рак

癌

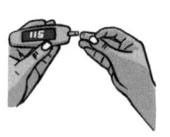

дыябет

糖尿病

хірург

外科医

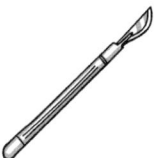

скальпель

外科用メス

аперацыя

手術

КТ
CT

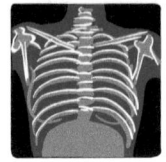

рэнтген
レントゲン

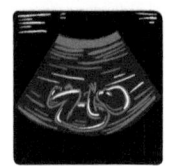

ультрагук
超音波

маска
マスク

хвароба
病気

пачакальня
待合室

мыліца
松葉づえ

пластыр
ばんそうこう

бінт
包帯

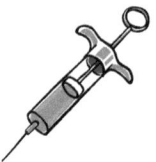

ін'екцыя
注射

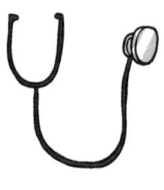

стэтаскоп
聴診器

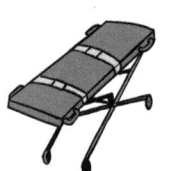

насілкі
担架

градуснік
体温計

нараджэнне
出産

лішняя вага
肥満

слухавы апарат

補聴器

дэзінфекцыйны сродак

消毒剤

інфекцыя

感染

вірус

ウイルス

ВІЧ/СНІД

HIV / エイズ

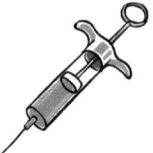

лекі

内服薬

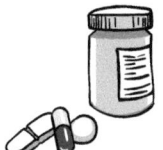

прышчэпка

予防接種

таблеткі

錠剤

супрацьзачаткавая
таблетка

ピル

экстраны выклік

緊急電話

танометр

血圧計

хворы / здаровы

病気の / 健康な

Ратуйце!

助けて！

сігналізацыя

アラーム

напад

暴行

атака

攻撃

небяспека

危険

аварыйны выхад

非常口

Пажар!

火事だ！

вогнетушыцель

消火器

аварыя

事故

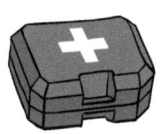

аптэчка

救急箱

СОС

SOS

паліцыя

警察

Еўропа

ヨーロッパ

Паўночная Амерыка

北米

Паўднёвая Амерыка

南米

Афрыка

アフリカ

Азія

アジア

Аўстралія

オーストラリア

Атлантычны акіян

大西洋

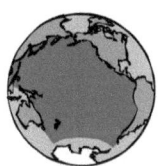

Ціхі акіян

太平洋

Індыйскі акіян

インド洋

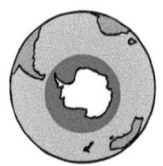

Паўднёвы ледавіты акіян

南極海

Паўночны ледавіты акіян

北極海

Паўночны полюс

北極

Паўднёвы полюс

南極

Антарктыда

南極大陸

Зямля

地球

краіна

陸

мора

海

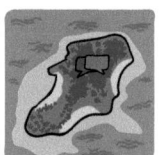

востраў

島

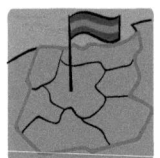

нацыя

国家

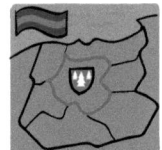

дзяржава

国家

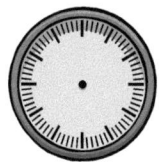

цыферблат

文字盤

гадзінная стрэлка

短針

хвілінная стрэлка

長針

секундная стрэлка

秒針

Колькі часу?

何時ですか？

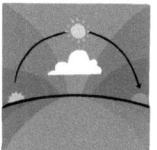

дзень

日

час

時間

зараз

現在

электронны гадзіннік

デジタル時計

хвіліна

分

гадзіна

時間

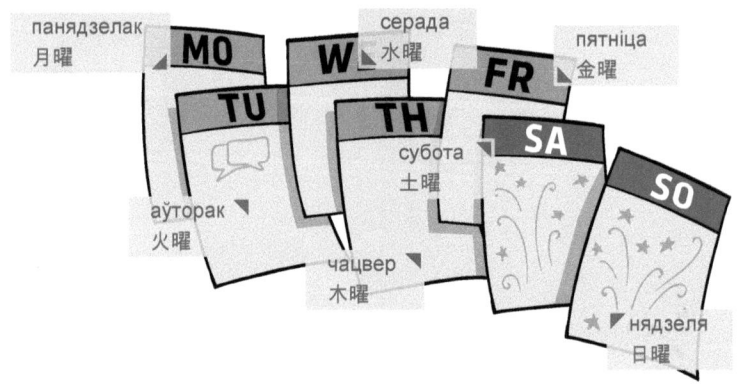

панядзелак
月曜

серада
水曜

пятніца
金曜

MO

TU

W

TH

FR

SA

SO

аўторак
火曜

субота
土曜

чацвер
木曜

нядзеля
日曜

ўчора

昨日

сёння

今日

заўтра

明日

раніца

朝

абед

昼

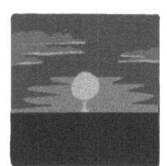

вечар

夜

MO	TU	WE	TH	FR	SA	SU
1	2	3	4	5	6	7
8	9	10	11	12	13	14
15	16	17	18	19	20	21
22	23	24	25	26	27	28
29	30	31	1	2	3	4

працоўныя дні

営業日

MO	TU	WE	TH	FR	SA	SU
1	2	3	4	5	6	7
8	9	10	11	12	13	14
15	16	17	18	19	20	21
22	23	24	25	26	27	28
29	30	31	1	2	3	4

выхадныя

週末

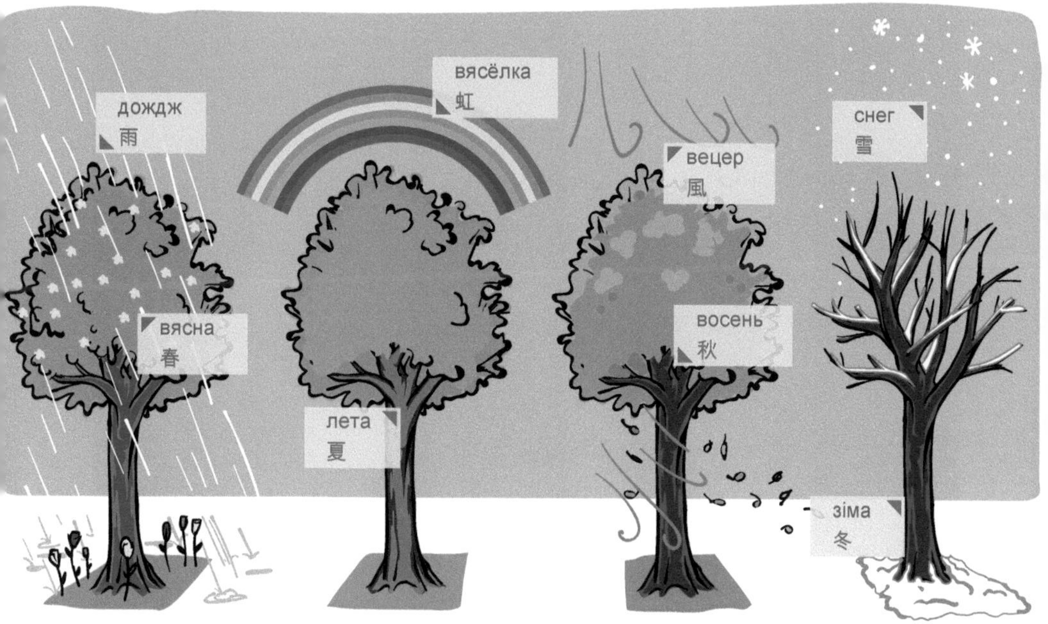

дождж
雨
вясёлка
虹
вецер
風
снег
雪
вясна
春
лета
夏
восень
秋
зіма
冬

4.APRIL 11°
5.APRIL 4°
6.APRIL 13°
7.APRIL 8°
8.APRIL 10°

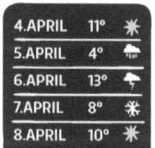

прагноз надвор'я
天気予報

F C
120 40
90 30
60 20
30 10
0 0
-30 -10
-20

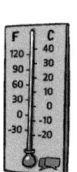

градуснік
温度計

сонечнае святло
日差し

воблака
雲

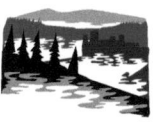

туман
霧

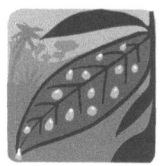

вільготнасць паветра
湿度

маланка

雷

гром

雷

бура

嵐

град

ひょう

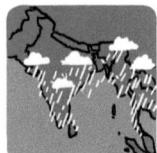

мусонны вецер

季節風

прыліў

洪水

лёд

氷

студзень

1月

люты

2月

сакавік

3月

красавік

4月

май

5月

чэрвень

6月

ліпень

7月

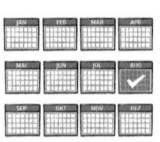

жнівень

8月

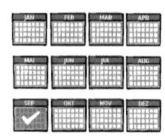

верасень
....
9月

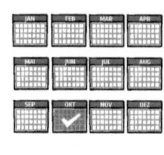

кастрычнік
....
10月

лістапад
....
11月

снежань
....
12月

формы
形

круг
....
円

квадрат
....
正方形

прамавугольнік
....
長方形

трохвугольнік
....
三角

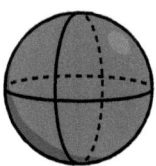

шар
....
球

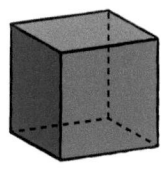

куб
....
立方体

колеры

 色

белы
白

жоўты
黄

аранжавы
オレンジ

ружовы
ピンク

чырвоны
赤

фіялетавы
紫

сіні
青

зялёны
緑

карычневы
茶

шэры
灰色

чорны
黒

шмат / мала

多い　/　少ない

злы / добры

怒っている /
落ち着いている

прыгожы / брыдкі

美しい　/　醜い

пачатак / канец

初め　/　終わり

высокі / малы

大きい　/　小さい

светлы / цёмны

明るい　/　暗い

сястра / брат

兄弟　/　姉妹

чысты / брудны

清潔な / 汚い

поўны / няпоўны

完全な　/　不完全な

дзень / ноч

日中　/　夜

мёртвы / жывы

死んだ　/　生きている

шырокі / вузкі

幅広い　/　狭い

ядомы / неядомы

食べられる /
食べられない

злы / добры

悪意のある / 親切な

узбуджаны / нудны

興奮している /
退屈している

тоўсты / тонкі

太った / 痩せた

першы / апошні

最初に / 最後に

сябар / вораг

友人 / 敵

поўны / пусты

いっぱいの / 空の

цвёрды / мяккі

硬い / 柔らかい

важкі / лёгкі

重い / 軽い

голад / смага

空腹 / 喉の渇き

хворы / здаровы

病気の / 健康な

нелегальны / легальны

違法な / 合法な

разумны / дурны

賢い / 愚かな

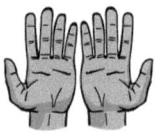

левы / правы

左に / 右に

побач / далёка

近い / 遠い

новы / былы ва ўжыванні

新しい / 中古の

нічога / нешта

何もない / 何かある

стары / малады

老いた / 若い

укл / выкл

オン / オフ

адчынены / зачынены

開いている /
閉まっている

ціхі / гучны

静かな / うるさい

багаты / бедны

裕福な / 貧乏な

правільна / няправільна

正しい / 間違っている

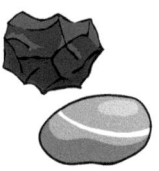

шурпаты / гладкі

粗い / なめらか

сумны / шчаслівы

悲しい / 幸せな

кароткі / доўгі

短い / 長い

павольны / хуткі

ゆっくり / 速い

вільготны / сухі

濡れた / 乾いた

цёплы / халаднаваты

温かい / 冷たい

вайна / мір

戦争 / 平和

0

нуль

ゼロ

1

адзін

1

2

два

2

3

тры

3

4

чатыры

4

5

пяць

5

6

шэсць

6

7

сем

7

8

восем

8

9

дзевяць

9

10

дзесяць

10

11

адзінаццаць

11

12

дванаццаць

·············

12

13

трынаццаць

·············

13

14

чатырнаццаць

·············

14

15

пятнаццаць

·············

15

16

шаснаццаць

·············

16

17

сямнаццаць

·············

17

18

васямнаццаць

·············

18

19

дзевятнаццаць

·············

19

20

дваццаць

·············

20

100

сто

·············

100

1.000

тысяча

·············

1000

1.000.000

мільён

·············

100万

англійская

英語

англійская (Амерыка)

アメリカ英語

кітайская мандарынская

中国標準語

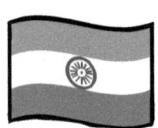

хіндзі

ヒンディー語

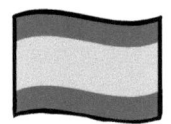

іспанская

スペイン語

французская

フランス語

арабская

アラビア語

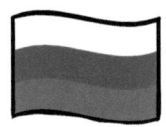

руская

ロシア語

партугальская

ポルトガル語

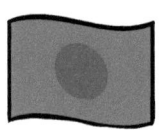

бенгальская

ベンガル語

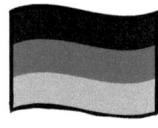

нямецкая

ドイツ語

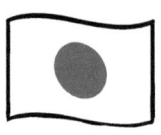

японская

日本語

я
私

ты
あなた

ён / яна / яно
彼 / 彼女 / それ

мы
私たち

вы
あなたたち

яны
彼ら

хто?
誰？

што?
何？

як?
どうやって？

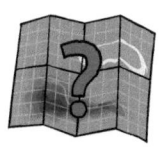

дзе?
どこ？

калі?
いつ？

імя
名前

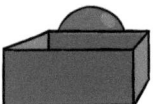

за

後ろ

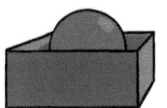

у

中

перад

前

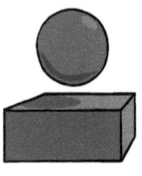

над

上

на

上

пад

下

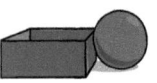

каля

横

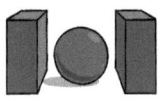

паміж

間

месца

場所